WIR SIND DIE TIERE DIESER WELT

Originalausgabe

MIX
Papier | Fördert gute Waldnutzung
FSC® C002795

Die Bastei Lübbe AG verfolgt eine nachhaltige Buchproduktion.
Wir verwenden Papiere aus nachhaltiger Forstwirtschaft
und verzichten darauf, Bücher einzeln in Folie zu verpacken.
Wir stellen unsere Bücher in Deutschland und Europa (EU) her
und arbeiten mit den Druckereien kontinuierlich
an einer positiven Ökobilanz.

Umschlagillustration und -gestaltung: Alexandra Helm
Buchgestaltung und Satz: Markus Lefrançois
Schriften: Carrara | Berliner Grotesk | Active
Druck und Einband: Livonia Print, Riga
Printed in Latvia
ISBN 978-3-414-82673-2

5 4 3 2 1

Sie finden uns im Internet unter *luebbe.de*
Besuchen Sie auch die bunte Welt der BuchstabenBande: *buchstabenbande.com*

Sophie Schoenwald • Alexandra Helm

WIR SIND DIE TIERE DIESER WELT

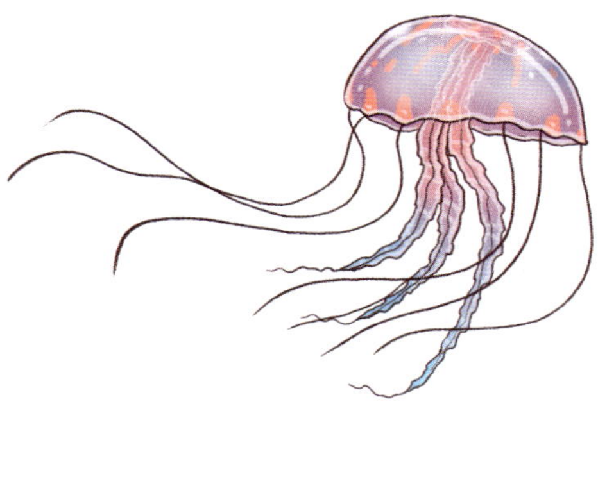

Boje

INHALTSVERZEICHNIS

WO DIE WILDEN TIERE WOHNEN:

VORWORT

Mein Name ist Mona, ich bin Biologin und erforsche Tierarten in der Wildnis. Ich habe sogar neue Tierarten entdeckt: Die Vietnamesische Krokodilschwanzechse ist eine davon. Ihre Vorfahren haben schon zusammen mit den Dinosauriern auf der Erde gelebt, aber die Krokodilschwanzechse haben wir erst vor ein paar Jahren in verborgenen Wasserfällen im tiefen Regenwald Vietnams entdeckt. Sie sieht aus wie ein kleines buntes Krokodil und ist perfekt an das Leben in Waldbächen angepasst.

So hat die Erde Millionen verschiedener Tierarten hervorgebracht, darunter Reptilien, Amphibien, Säugetiere, Fische, Vögel und Insekten. Jede Art hat besondere Merkmale, z. B. Farben, Flügel, Flossen oder Giftdrüsen, um in ihrem Lebensraum – ob auf dem Land, im Süßwasser, in den Ozeanen oder in der Luft – gut überleben zu können. Überall leben viele unterschiedliche Tierarten zusammen. Vom kleinen Regenwurm bis zum großen Blauwal, alle Arten übernehmen wichtige Aufgaben in ihrer Gemeinschaft. Auch wir Menschen sind Teil dieser Gemeinschaft und können ohne die Artenvielfalt nicht überleben. Manche Arten sterben auch wieder aus, so wie die Dinosaurier vor 65 Millionen Jahren. Und viele Tierarten sind heute durch den Menschen bedroht. Deswegen ist die Erforschung der Tiere und ihrer Lebensweise wichtig, damit wir sie besser schützen können.

In diesem Buch begibst du dich auf eine Entdeckungsreise ins Tierreich. Du lernst eine Vielfalt von Arten, ihre Besonderheiten und Lebensräume rund um die Welt kennen. So wie die Krokodilschwanzechse gibt es übrigens auch heute noch unbekannte Arten, die darauf warten, entdeckt zu werden. Vielleicht ja von dir.

Dr. Mona van Schingen-Khan • Bundesamt für Naturschutz, Bonn

Krokodilschwanzechse

LEBENSRAUM:	Bäche im tropischen Regenwald
VERBREITUNG:	Südchina, Nordvietnam
GRÖSSE:	ca. 40 cm
GEWICHT:	150 g
LEBENSDAUER:	über 20 Jahre

Wir sind die Tiere dieser Welt

Wir sind langsam, wir sind schnell,
haben Stacheln oder Fell.
Wir sind fleißig, wir sind faul,
haben Schnabel oder Maul.
Der eine heult, die andere lacht,
sind tags aktiv, sind's in der Nacht.

Wir sind die Tiere dieser Welt,
die euch Menschen nur gefällt,
wenn sie bunt ist, reich an Arten,
also lasst uns nicht mehr warten!
Wir haben einen großen Traum,
schützt uns und unseren Lebensraum.
Denn ohne uns wärt ihr sehr einsam,
Vielfalt gibt es nur gemeinsam!

Den Rüssel schwenken, mit Tentakeln greifen,
wir haben Punkte oder Streifen.
Wir sind schwarz-weiß und kunterbunt,
manche dünn und manche rund.
Wir haben Beine oder keine,
von uns gibt's große und ganz kleine.

Wir sind die Tiere dieser Welt,
die euch Menschen nur gefällt,
wenn sie bunt ist, reich an Arten,
also lasst uns nicht mehr warten!
Wir haben einen großen Traum,
schützt uns und unseren Lebensraum.
Denn ohne uns wärt ihr sehr einsam,
Vielfalt gibt es nur gemeinsam!

Wir stinken und wir riechen gut,
sind ängstlich oder haben Mut.
Mögen Fleisch und mögen Frucht,
leben im Erdreich, in der Luft.
Wir mögen's heiß, wir mögen's kalt,
lieben die Berge und den Wald.
Wir haben Panzer oder Horn,
einen Giftzahn oder giftigen Dorn.

Wir sind die Tiere dieser Welt,
die euch Menschen nur gefällt,
wenn sie bunt ist, reich an Arten,
also lasst uns nicht mehr warten!
Wir haben einen großen Traum,
schützt uns und unseren Lebensraum.
Denn ohne uns wärt ihr sehr einsam,
Vielfalt gibt es nur gemeinsam!

*Ich sage immer:
In der Ruhe liegt die Kraft. Ich bin der langsamste Fisch der Welt. In einer Stunde lege ich gerade einmal eineinhalb Meter zurück. Und das auch nur bei guter Strömung im Rücken und Heimweh.*

Seepferdchen

LEBENSRAUM:	Ozeane
VERBREITUNG:	Weltweit
GRÖSSE:	1,5–30 cm
GEWICHT:	bis 14 g
LEBENSDAUER:	1–6 Jahre

*Gut Ding will Weile haben.
Wenn ich auf Partnersuche bin, also im sogenannten Balzflug, lege ich lediglich drei Kilometer pro Stunde zurück. Es grenzt an ein Wunder, dass ich nicht vom Himmel falle.*

Kanadaschnepfe

LEBENSRAUM:	Wälder
VERBREITUNG:	Nordamerika
GRÖSSE:	25–31 cm
GEWICHT:	140–230 g
LEBENSDAUER:	bis 15 Jahre

Ich bin der absolute Überflieger. Keiner ist so schnell wie ich! Denn wenn ich fliege, erreiche ich eine Spitzengeschwindigkeit von mehr als 320 km/h und darf mich das schnellste Tier der Erde nennen – nur ein Sportwagen kann da noch mithalten.

Wanderfalke

LEBENSRAUM:	Felsgebiete, offenes Gelände
VERBREITUNG:	Weltweit
GRÖSSE:	34–58 cm Spannweite: 74–120 cm
GEWICHT:	0,7–1,5 kg
LEBENSDAUER:	bis 15 Jahre

WIR SIND LANGSAM, WIR SIND SCHNELL ...

Gepard

LEBENSRAUM:	Savannen, Grassteppe
VERBREITUNG:	Afrika, Nordiran
GRÖSSE:	1,1–1,5 m
GEWICHT:	50–70 kg
LEBENSDAUER:	bis 15 Jahre

Mein Leben auf der Überholspur: In drei Sekunden kann ich eine Geschwindigkeit von circa 95 km/h erreichen. Damit bin ich das schnellste an Land lebende Tier der Welt.

Kuscheln? Aber nur ganz vorsichtig! Etwa 8.000 Stacheln umfasst mein Stachelkleid. Wenn mir jemand etwas Böses will, rolle ich mich einfach zu einer Kugel zusammen und richte meine Stacheln auf. Am Bauch und im Gesicht wachsen mir übrigens richtige Haare.

Igel

LEBENSRAUM:	Graslandschaften, Wälder, Siedlungsbereiche
VERBREITUNG:	Afrika, Asien, Europa
GRÖSSE:	10–40 cm
GEWICHT:	bis 1,8 kg
LEBENSDAUER:	bis 8 Jahre

… HABEN STACHELN ODER FELL.

Stachelschwein

LEBENSRAUM:	Wälder
VERBREITUNG:	Afrika, Asien, Südeuropa
GRÖSSE:	bis 90 cm lang
GEWICHT:	bis 24 kg
LEBENSDAUER:	bis 21 Jahre

Angriff ist die beste Verteidigung? Papperlapapp! Ich bin ein Verteidigungskünstler: So lange Stacheln wie ich hat kein anderes Tier auf der Welt. Sie werden bis zu 40 Zentimeter lang. Mit ihnen kann ich mich perfekt gegen Angreifer wehren, vor allem wenn ich nachts unterwegs bin.

Ehrlich, ich bin gefährlich! Ich sehe zwar aus wie eine große, dicke Schmusekatze, aber ich bin ein Raubtier mit starken Zähnen und Krallen! Wegen meines kupferfarbenen Fells nennt man mich auch Feuerfuchs oder Goldhund.

Roter Panda

LEBENSRAUM:	Bambuswälder
VERBREITUNG:	Zentralasien, Himalaya
GRÖSSE:	1,2 m
GEWICHT:	3–6 kg
LEBENSDAUER:	6–15 Jahre

Mich macht keiner nass! Ich trage einen natürlichen Neoprenanzug. Mein Fell ist nämlich das dichteste der Tierwelt: Ich habe bis zu acht Millionen Haare, die verhindern, dass mein Körper nass wird und auskühlt. So kann ich fast mein gesamtes Leben im Meer verbringen.

Seeotter

LEBENSRAUM:	Küstengewässer
VERBREITUNG:	Russland, Nordamerika
GRÖSSE:	1,2–1,5 m
GEWICHT:	17–38 kg
LEBENSDAUER:	bis 30 Jahre

Wir sind eure fleißigen Helfer. Eine Bienenfamilie, die man auch »Volk« nennt, kann bis zu ein Kilogramm Honig pro Tag produzieren. Außerdem sorgen wir dafür, dass ihr reichlich Obst und Gemüse ernten könnt, indem wir unermüdlich die Blüten der Pflanzen bestäuben.

Honigbiene

LEBENSRAUM:	Wiesen, Wälder
VERBREITUNG:	Weltweit
GRÖSSE:	1,5–40 mm
GEWICHT:	80 mg
LEBENSDAUER:	30–60 Tage

Wer will fleißige Handwerker sehen? Der muss zu uns Bibern gehen. In nur einer Nacht schaffe ich es, einen Baum mit 40 Zentimetern Durchmesser durchzunagen. Mit dem Holz baue ich Dämme und Burgen, in denen wir wohnen.

Biber

LEBENSRAUM:	Feuchtgebiete
VERBREITUNG:	Europa, Asien, Nordamerika
GRÖSSE:	bis 1,2 m
GEWICHT:	bis 35 kg
LEBENSDAUER:	bis 20 Jahre

Faultier

LEBENSRAUM:	Tropische Regenwälder, Bergwälder
VERBREITUNG:	Mittel- und Südamerika
GRÖSSE:	40–80 cm
GEWICHT:	3–11 kg
LEBENSDAUER:	bis 15 Jahre

Wer zuerst zuckt, verliert!
Ich bin tatsächlich sehr, sehr langsam. Wenn ich mich von Baum zu Baum hangele, erreiche ich immerhin eine Geschwindigkeit von acht bis zehn Metern – also pro Minute, nicht pro Sekunde. Am Boden brauche ich allerdings für 100 Meter etwa eine halbe Stunde. Mal ehrlich, das bringt doch nichts, da hänge ich lieber im Baum und döse.

WIR SIND FLEISSIG, WIR SIND FAUL …

Der Schlaf raubt einem das halbe Leben … Ich lasse es noch gemütlicher angehen als das Faultier. Wenn ich mich abends um acht Uhr schlafen lege, stehe ich eigentlich nicht vor sechs Uhr abends am nächsten Tag wieder auf. Ich schlummere also zwanzig Stunden pro Tag.

Koala

LEBENSRAUM:	Eukalyptuswälder, Savannen
VERBREITUNG:	Australien
GRÖSSE:	60–85 cm
GEWICHT:	4–14 kg
LEBENSDAUER:	bis 15 Jahre

Halt den Schnabel! Ich bin der einzige Vogel, dessen Schnabel länger ist als sein gesamter Körper. Ich sehe ein bisschen aus wie ein fliegender Pinocchio, der den ganzen Tag gelogen hat. Warum mein Schnabel so lang ist? Damit ich an den leckeren Nektar der Passionsblume komme.

Schwertschnabelkolibri

LEBENSRAUM:	feuchte bis halbfeuchte Hochgebirgswälder
VERBREITUNG:	Südamerika, Anden
GRÖSSE:	17–23 cm davon ca. 11 cm Schnabel
GEWICHT:	12–15 g
LEBENSDAUER:	3–5 Jahre

… HABEN SCHNABEL ODER MAUL.

Distelfink

LEBENSRAUM:	Wälder, Städte
VERBREITUNG:	Europa, Zentralasien, Nordafrika, Südamerika, Australien, Neuseeland
GRÖSSE:	12–13 cm
GEWICHT:	14–19 g
LEBENSDAUER:	12 Jahre

Ich singe, wie mir der Schnabel gewachsen ist! Ich mag zwar der kleinste Fink der Welt sein, aber ich sorge dafür, dass mich keiner übersieht. Mein Gefieder ist so farbenfroh, wie du es bei keinem anderen Singvogel finden wirst. Doch auch meine Stimmbänder können sich hören lassen: Mein Zwitschern ist sehr laut und unverwechselbar. Wegen dieses »Stiglit« kennst du mich vielleicht auch unter dem Namen Stieglitz.

Zahnarzt? Den brauche ich nicht. In meinem Maul befinden sich 60 bis 70 scharfe, kegelförmige Zähne, die immer wieder ausfallen und durch neue ersetzt werden. Ob wir Männchen oder Weibchen werden, hängt davon ab, wie warm es in unseren Nestern ist. Bei unter 31 °C und über 33 °C schlüpfen nur Weibchen aus den Eiern, bei 32 °C nur Männchen.

Krokodil

LEBENSRAUM:	Tropen
VERBREITUNG:	Nord-, Mittel- und Südamerika, Afrika, Süd- und Südostasien, Australien
GRÖSSE:	1–7 m
GEWICHT:	100–1000 kg
LEBENSDAUER:	bis 85 Jahre

Riesenhai

LEBENSRAUM:	Kalte bis mäßig warme Gewässer
VERBREITUNG:	Atlantik, Pazifik, Mittelmeer
GRÖSSE:	bis 12 m
GEWICHT:	4 t
LEBENSDAUER:	50 Jahre

Da bleibt einem der Mund offen stehen ... Mit einer Körperlänge von bis zu zwölf Metern bin ich nach dem Walhai der zweitgrößte Fisch der Welt. Mir eilt ein schlechter Ruf voraus, obwohl ich alles andere als blutrünstig bin. Ich fresse nämlich nur Plankton. Dafür schwimme ich mit weit geöffnetem Maul und filtere so Nahrung. Dabei strömen 1800 Tonnen Wasser pro Stunde aus den Kiemen wieder heraus.

Ich bin eine Heulsuse.
Wenn meine Mama zu weit weg ist oder ich Hunger habe, fange ich an zu heulen. Das hört sich an wie eine heisere Hupe. Meine Mama erkennt mich sofort an meinem Heulen. Das ist wichtig, denn wir kleinen Seehunde sehen uns zum Verwechseln ähnlich.

Seehund

LEBENSRAUM:	Sandbänke, Felsküsten
VERBREITUNG:	Atlantik, Pazifik, Nord- und Ostsee
GRÖSSE:	bis 1,8 m
GEWICHT:	bis 150 kg
LEBENSDAUER:	30–35 Jahre

Wer nicht sehen will, muss hören! Wenn du im Dunkeln im Wald spazieren gehst, wirst du dabei häufig von meinem »Huuuuuuh-hu-huuuuuh« begleitet. Doch gesehen hast du mich in der Dunkelheit sicher noch nicht. Mir hingegen entgeht nichts, da ich meinen Hals um 270 Grad drehen kann. Ich habe 14 Halswirbel, das sind doppelt so viele, wie du hast.

Waldkauz

LEBENSRAUM:	Wälder
VERBREITUNG:	Europa, Nordafrika, Ostasien
GRÖSSE:	bis 42 cm
GEWICHT:	380–800 g
LEBENSDAUER:	12–20 Jahre

*Was für ein Affentheater!
Als Schimpanse mache ich gerne Quatsch, und wenn etwas wirklich lustig ist, dann muss ich sehr lachen. Dafür reiße ich meine Lippen auseinander und zeige jeden meiner 32 Zähne. Am lustigsten finde ich es, wenn meine Eltern mich kitzeln, dabei muss ich immer sehr kichern – das kennst du bestimmt auch.*

Schimpanse

LEBENSRAUM:	Regenwälder, Savannen
VERBREITUNG:	Mittleres Afrika
GRÖSSE:	1–1,7 m
GEWICHT:	25–70 kg
LEBENSDAUER:	20–40 Jahre

DER EINE HEULT, DIE ANDERE LACHT …

*Ein Tag ohne Lachen ist ein verlorener Tag.
Das Leben in der Savanne ist manchmal schwierig und gefährlich. Damit meine Freunde immer wissen, was gerade los ist, »unterhalten« wir uns in einer Sprache, die aus Lach-Lauten besteht. Zusammen mit meiner Körpersprache und meinem Geruch können wir uns also prima verständigen.*

Hyäne

LEBENSRAUM:	Steppen, Savannen
VERBREITUNG:	Afrika, Mittel- und Südasien
GRÖSSE:	bis 1,6 m
GEWICHT:	26–86 kg
LEBENSDAUER:	bis 25 Jahre

Einatmen. Ausatmen. Einatmen ... Anders als du muss ich mich immer daran erinnern zu atmen. Auch wenn ich schlafe. Deshalb bin ich tag- und nachtaktiv. In den gerade mal 90 Minuten Schlaf, die ich benötige, bleibt immer eine Gehirnhälfte wach. Während die andere schläft, gibt sie Bescheid, wenn ich auftauchen muss, um Luft zu holen.

Orca

LEBENSRAUM:	Meere, Ozeane
VERBREITUNG:	Weltweit
GRÖSSE:	bis 10 m
GEWICHT:	4–8 t
LEBENSDAUER:	50–80 Jahre

... SIND TAGS AKTIV, SIND'S IN DER NACHT.

Hamstern wie die Eichhörnchen! Im Gegensatz zu vielen meiner Kollegen im Wald bin ich nicht nachtaktiv, und ich halte auch keinen Winterschlaf. Im Sommer mag ich die Hitze nicht besonders, also suche ich meine Nüsse morgens und abends und halte mittags ein Schläfchen. Herrlich!

Eichhörnchen

LEBENSRAUM:	Wälder, Städte
VERBREITUNG:	Nord-, Mittel- und Südamerika, Europa, Asien
GRÖSSE:	15–25 cm
GEWICHT:	200–400 g
LEBENSDAUER:	3–7 Jahre

Ich mache die Nacht zum Tag. Deswegen wache ich erst auf, wenn die Sonne untergeht. Optisch bin ich ein Hingucker: Ich habe einen lang gezogenen schweineartigen Rüssel, hasenartige Ohren und einen nackten Schwanz. Mit meinen starken Grabklauen an den Füßen ist kein Termitenhügel vor mir sicher.

Erdferkel

LEBENSRAUM:	Savannen
VERBREITUNG:	Afrika
GRÖSSE:	90–142 cm
GEWICHT:	40–70 kg
LEBENSDAUER:	5–25 Jahre

Fuchs, du hast die Gans gestohlen – von wegen! Die fresse ich eher selten. Dafür stehen Mäuse, Kaninchen, Insekten und manchmal sogar Früchte auf meinem Speiseplan. Eigentlich esse ich alles gerne, deswegen kannst du auch Allesfresser zu mir sagen. Auf die Jagd gehe ich aber immer erst, wenn es dunkel wird.

Rotfuchs

LEBENSRAUM:	Wälder, Felder
VERBREITUNG:	Europa, Asien, Afrika und Nordamerika
GRÖSSE:	62–75 cm
GEWICHT:	5–7,5 kg
LEBENSDAUER:	bis 15 Jahre

Also in einem Porzellanladen war ich noch nie! Da würde ich gar nicht reinpassen. Ich bin schließlich das größte Landtier der Welt. Fressen, duschen, Sand pusten – mein Rüssel ist wie ein Schweizer Taschenmesser. Ich kann damit nicht nur trinken und greifen, sondern auch atmen und riechen.

Elefant

LEBENSRAUM:	Savannen, Regenwälder, Wüsten
VERBREITUNG:	Afrika, Asien
GRÖSSE:	bis 7,5 m lang, bis 4 m hoch
GEWICHT:	bis 10 t
LEBENSDAUER:	bis 80 Jahre

Tapir

LEBENSRAUM:	Tropische Regenwälder
VERBREITUNG:	Mittel- und Südamerika, Südostasien
GRÖSSE:	bis 2,5 m
GEWICHT:	bis 350 kg
LEBENSDAUER:	20–30 Jahre

Wenn es brenzlig wird – abtauchen! Dann verstecke ich mich im Wasser und benutze meinen Rüssel als Schnorchel. Mich gibt es schon seit Millionen von Jahren auf der Erde. Und weil ich fast perfekt bin, habe ich mich bis heute kaum verändert. Mit meinem Rüssel pflücke ich leckere Blätter und Früchte von den Zweigen.

Tintenfisch

LEBENSRAUM:	Meere , Ozeane
VERBREITUNG:	Weltweit
GRÖSSE:	0,5–10 m
GEWICHT:	2–50 kg
LEBENSDAUER:	1–5 Jahre

Ich bin nicht von dieser Welt ... Denn welches Tier hat acht bis zehn Arme, drei Herzen und ein Gehirn, das nicht nur im Kopf steckt, sondern auch in den Armen? Ich natürlich. Hört sich schon ziemlich seltsam an, oder? Deshalb hält mich so manch einer auch für ein Alien.

DEN RÜSSEL SCHWENKEN, MIT TENTAKELN GREIFEN ...

Ich habe nichts zu verbergen. Fast durchsichtig streife ich seit über 500 Millionen Jahren durch die Meere und ziehe dabei meine Tentakel hinter mir her. Die können sogar bis zu 20 Meter lang werden. Teilweise sind sie mit Nesselzellen ausgestattet, mit denen ich ein tödliches Gift abgeben kann. Besser, du kommst mir nicht zu nahe.

Qualle

LEBENSRAUM:	Meere, Ozeane, Süßwasser
VERBREITUNG:	Weltweit
GRÖSSE:	bis 4 m Tentakel: bis 20 m
GEWICHT:	10 g–150 kg
LEBENSDAUER:	wenige Monate bis 10.000 Jahre

Nein, die Punkte haben nichts mit meinem Alter zu tun! Sie zeigen an, zu welcher Art ich gehöre. Uns gibt es mit 2, 4, 5, 7, 10, 11, 13, 14, 16, 18, 19, 22 und 24 Punkten – oder gar keinen. Außerdem sind wir nicht immer rot. Es gibt uns auch in Gelb, Orange, Rot, Braun oder Schwarz.

Marienkäfer

LEBENSRAUM:	Wälder, Wiesen
VERBREITUNG:	Weltweit
GRÖSSE:	1–12 mm
GEWICHT:	50 mg
LEBENSDAUER:	1–3 Jahre

… WIR HABEN PUNKTE ODER STREIFEN.

Ich werde gerne mal übersehen. Auf breiten Tatzen durchstreife ich lautlos die Hochgebirge und bin extrem scheu, sodass ihr Menschen mich kaum zu Gesicht bekommt. Mein rauchgraues Fell ist übersät mit schwarzen Rosetten, das sind kreisförmige dunkle Flecken. Sie sorgen dafür, dass ich mit der Umgebung verschmelze und fast unsichtbar werde. Deshalb nennt man mich auch den »Geist der Berge«.

Schneeleopard

LEBENSRAUM:	Hochgebirge
VERBREITUNG:	Zentralasien
GRÖSSE:	80–130 cm lang
GEWICHT:	25–70 kg
LEBENSDAUER:	6–14 Jahre

Zebrastreifen, Zebrastreifen, manche werden's nie begreifen! Welchen Zweck meine besondere Fellfärbung hat? Tja, gute Frage. Als Tarnfarbe eignet sich mein Fell in der braunen Steppe und Savanne nicht so gut. Immerhin werde ich weniger von Parasiten gestochen. Außerdem ist meine Fellzeichnung wie ein riesiger Fingerabdruck. Denn jedes Streifenmuster ist einzigartig.

Zebra

LEBENSRAUM:	Steppen, Savannen
VERBREITUNG:	Ost- und Südafrika
GRÖSSE:	1,1-1,6 m hoch
GEWICHT:	180–450 kg
LEBENSDAUER:	20–40 Jahre

Tiger

LEBENSRAUM:	Graslandschaften, Wälder, Regenwälder, Sumpfgebiete
VERBREITUNG:	Asien
GRÖSSE:	1,5–3 m lang
GEWICHT:	100–250 kg
LEBENSDAUER:	8–20 Jahre

Ich bin die größte und schwerste Katze der Welt. Richtig gehört! Ich bin sogar noch größer als ein Löwe. Und mit meinem prächtigen Fell denkt ihr sicher, dass ich auffalle. Doch ob im Bambusdickicht, in trockenen Graslandschaften oder im Wald – überall verschmelze ich mit der Landschaft. Meine unregelmäßigen Streifen wirken wie Schatten und lassen die Konturen verschwimmen.

Nein, ich bin kein Tapir! Und auch kein Zebra, trotz meiner schwarz-weiß gestreiften Beine. Ich bin eine Waldgiraffe, auch wenn mein Hals nicht ganz so lang ist wie der meiner Verwandten. Doch es gibt noch eine Besonderheit an mir: Ich schlafe immer nur ganz kurz und wache nach einer halben Minute wieder auf. Das mache ich mehrmals pro Tag. So kann mich niemand im Schlaf überraschen.

Okapi

LEBENSRAUM:	Regenwälder
VERBREITUNG:	Kongo
GRÖSSE:	1,5–1,7 m hoch
GEWICHT:	bis 350 kg
LEBENSDAUER:	20–30 Jahre

WIR SIND SCHWARZ-WEISS

Panda

LEBENSRAUM:	Subtropische Berghänge, Bambuswälder
VERBREITUNG:	China
GRÖSSE:	1,2–1,5 m
GEWICHT:	75–160 kg
LEBENSDAUER:	bis 34 Jahre

Liebe geht durch den Magen. Ich bin zwar eigentlich ein Raubtier, doch am liebsten und fast ausschließlich fresse ich Bambus. Und weil der wenig nahrhaft ist, muss ich bis zu 20 kg am Tag fressen, um satt zu werden. Das dauert. Die meiste Zeit meines Lebens bin ich also mit Fressen beschäftigt. Aber es gibt Schlimmeres.

Dann bin ich halt ein Schleimer! Meine großen Schuppen schillern in den prächtigsten Farben. Und meine Zähne sind zu einer Art Schnabel verwachsen. Deshalb mein Name. Nachts scheide ich einen fiesen Schleim aus, der mich wie eine riesige Bettdecke umgibt. So schütze ich mich vor Feinden.

Papageifisch

LEBENSRAUM:	Tropische Meere, Korallenriffe und Seegraswiesen
VERBREITUNG:	Mittelmeer, östlicher Atlantik
GRÖSSE:	bis 1,2 m
GEWICHT:	bis 20 kg
LEBENSDAUER:	bis 15 Jahre

UND KUNTERBUNT …

Mandarinente

LEBENSRAUM:	Gewässer mit dichtem Laubwald
VERBREITUNG:	China, Japan, Europa
GRÖSSE:	41–51 cm
GEWICHT:	400–700 g
LEBENSDAUER:	bis 12 Jahre

Ich bin zu schön, um wahr zu sein! Weil mein Gefieder so hübsch bunt ist, hat man mich bereits im 18. Jh. von China nach Europa gebracht. In China bin ich nicht nur für mein Aussehen bekannt, sondern auch für meine Treue. Habe ich einmal einen Partner gefunden, bleiben wir sehr lange zusammen.

Da bist du platt! Ich sehe fast aus wie eine Scheibe und liege tagsüber die meiste Zeit auf dem Grund. Dort verbuddele ich mich im Sand, sodass nur noch eins meiner beiden Augen zu sehen ist. Mein linkes Auge ist über die Jahrtausende hinweg auf meine rechte Körperhälfte gewandert, meine Oberseite. So sehe ich einfach mehr.

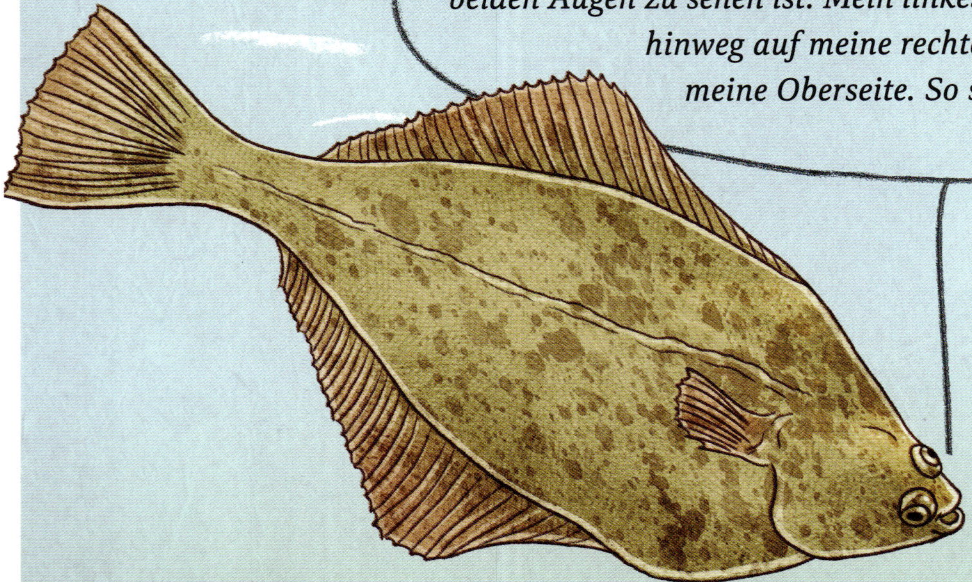

Flunder

LEBENSRAUM:	Küstengewässer, Flussmündungen
VERBREITUNG:	Europa
GRÖSSE:	25–50 cm
GEWICHT:	200–300 g
LEBENSDAUER:	bis 20 Jahre

... MANCHE DÜNN UND MANCHE RUND.

Trauermantel

LEBENSRAUM:	Offene und feuchte Laubwälder, Obstwiesen
VERBREITUNG:	Europa, Asien, Nordamerika
GRÖSSE:	5,5–7,5 cm
GEWICHT:	bis 5 g
LEBENSDAUER:	bis 1 Jahr

Ich bin ziemlich flatterhaft. Mich erkennt jedes Kind, sobald es mich im Frühling mit meinen leuchtend bunten Flügeln über die Wiesen flattern sieht. Am Anfang meines Lebens sehe ich übrigens ganz anders aus. Bis ich ein Schmetterling werde, durchlaufe ich vier Phasen: vom Ei zur Raupe, von der Raupe zum Kokon und schließlich vom Kokon zum Schmetterling.

Ich bin nicht aufgeblasen! Ich blase mich nur auf, wenn es bei mir nicht rund läuft und mich jemand fressen will. Dann schlucke ich so viel Wasser, dass sich mein ganzer Körper aufbläht und ich wie eine Wasserbombe mit Stacheln aussehe. Wer mich so immer noch fressen will, der sollte wissen, dass ich ziemlich giftig bin.

Kugelfisch

LEBENSRAUM:	Tropische Meere, Korallenbänke, Seegraswiesen
VERBREITUNG:	Mittel- und Südamerika, Afrika, Südostasien, Indien
GRÖSSE:	3–120 cm
GEWICHT:	bis 13 kg
LEBENSDAUER:	2–10 Jahre

Manchmal muss man Zähne zeigen! Meine langen Stoßzähne brauche ich, um mich gegen Eisbären zu verteidigen. Nur der Seeelefant ist eine noch größere Robbe als ich. Ich werde über eine Tonne schwer. Klar, dass ich da im Wasser viel schneller unterwegs bin als an Land. Aber selbst dort bin ich auf meinen Flossen genauso schnell wie du.

Walross

LEBENSRAUM:	Treibeis
VERBREITUNG:	Arktis
GRÖSSE:	2–3,5 m
GEWICHT:	600–1500 kg
LEBENSDAUER:	15–40 Jahre

Tausendfüßer

LEBENSRAUM:	Feuchtgebiete
VERBREITUNG:	Weltweit
GRÖSSE:	5–30 cm
GEWICHT:	bis ca. 50 g
LEBENSDAUER:	1–10 Jahre

Tausend Füße sind maßlos übertrieben! Ich habe nachgezählt und komme auf maximal 680. Dafür gibt es mich aber schon ganz lange. Wir Tausendfüßer krabbeln schon seit Millionen von Jahren über die Erde.

Ich lebe auf großem Fuß. Denn meine Beine sind fast doppelt so lang wie mein Körper. Ein bisschen sehe ich so aus, als ob man einer Elster sechzig Zentimeter lange Stelzen angeschnallt hätte.

Stelzenläufer

LEBENSRAUM:	Flachwasser
VERBREITUNG:	Weltweit
GRÖSSE:	33–40 cm
GEWICHT:	160–200 g
LEBENSDAUER:	bis 13 Jahre

*Boa! Ganz schön heftig.
Meine Umarmungen sind leider tödlich.
Und da ich ein ziemlicher Gierschlund bin,
verschlucke ich meine Beute in einem Stück. Dafür
kann ich meinen Kiefer aushaken. Das erlaubt es mir,
sogar kleine Hirsche und Wasser-
schweine zu verschlingen.*

Anakonda

LEBENSRAUM:	Tropische Gewässer, Sumpflandschaften
VERBREITUNG:	Südamerika
GRÖSSE:	bis 9 m
GEWICHT:	bis 250 kg
LEBENSDAUER:	40 Jahre

WIR HABEN BEINE ODER KEINE ...

*Flossen weg? Nein, Beine weg! Meine Vorder-
beine haben sich zu Flossen umgebildet, und statt Hinter-
beinen habe ich eine große Schwanzflosse. So bin ich im Wasser
viel schneller unterwegs. Das kennt man
auch von Tauchern, die sich
Flossen anziehen.*

Seekuh

LEBENSRAUM:	Tropische Flüsse und Gewässer
VERBREITUNG:	West- und Ostafrika, Mittel- und Südamerika, Indien, Südostasien, Australien
GRÖSSE:	3–4 m
GEWICHT:	250–1500 kg
LEBENSDAUER:	30–60 Jahre

Den Kopf in den Wolken – zum Glück bin ich schwindelfrei. Dank meiner langen Beine und meines über zwei Meter langen Halses befindet sich mein Kopf in luftigen fünfeinhalb Metern Höhe. Damit bin ich das höchste Tier der Welt.

Giraffe

LEBENSRAUM:	Savannen
VERBREITUNG:	Ost- und Südafrika
GRÖSSE:	4,5–6 m
GEWICHT:	700–1600 kg
LEBENSDAUER:	bis 25 Jahre

...VON UNS GIBT'S GROSSE

Ich bin wirklich XXXL. Weder heute noch irgendwann zuvor hat jemals ein so großes und so schweres Tier gelebt wie ich. Allein meine Zunge ist so schwer wie ein Elefant. Mein Herz ist so groß wie ein Kleinwagen, und in meinen Magen passen zwei Tonnen Futter.

Blauwal

LEBENSRAUM:	Ozeane
VERBREITUNG:	Weltweit
GRÖSSE:	bis 33 m
GEWICHT:	bis 200 t
LEBENSDAUER:	bis 80 Jahre

Klein, aber oho!
Wahre Größe erkennt man nicht am Stockmaß. Ich bin das kleinste Pferd der Welt. Nicht größer als ein Deutscher Schäferhund. Deshalb kann man mich nicht reiten. Aber ich habe andere Qualitäten: Zum Beispiel als Therapiepferd oder anstelle eines Blindenhundes stehe ich dem Menschen zur Seite.

Falabella-Pony

LEBENSRAUM:	Weide
VERBREITUNG:	Argentinien, Nordamerika, Europa
GRÖSSE:	30–86 cm
GEWICHT:	12–65 kg
LEBENSDAUER:	bis 30 Jahre

UND GANZ KLEINE.

Tomatenfrosch

LEBENSRAUM:	Tropische Regenwälder
VERBREITUNG:	Madagaskar
GRÖSSE:	6–12 cm
GEWICHT:	bis 230 g
LEBENSDAUER:	bis 14 Jahre

Hast du Tomaten auf den Augen?
Klein, rund und rot: So sehe ich aus. Und, Überraschung, daher kommt auch mein Name. Wenn ich meine Metamorphose von Kaulquappe zu Frosch vollzogen habe, klettere ich übrigens als nur 15 Millimeter großes quietschgelbes Fröschlein an Land. Na ja, Tomaten sind manchmal auch gelb.

*Vampire, aufgepasst!
Wenn ich gestresst bin, kann es schon mal dicke Luft geben. Erst schreie ich fürchterlich, und dann gibt es als Nachschlag noch ein ziemlich ekliges Sekret obendrauf. Und das stinkt fürchterlich nach Knoblauch.*

Knoblauchkröte

LEBENSRAUM:	Steppen, sandige und trockene Landschaften
VERBREITUNG:	Mittel- und Osteuropa, Westasien
GRÖSSE:	6,5–8 cm
GEWICHT:	bis 50 g
LEBENSDAUER:	5–11 Jahre

Von mir sieht man oft meine Schokoladenseite. Denn wenn mich jemand bedroht, drehe ich ihm meinen Hintern zu. Dort sitzen meine Sekretdrüsen, mit denen ich zielsicher auf bis zu sechs Metern mein Sekret verspritzen kann. Ich will mich nicht loben, aber es stinkt wirklich unerträglich.

Stinktier

LEBENSRAUM:	Steppen, Halbwüsten
VERBREITUNG:	Nord-, Mittel- und Südamerika, Südostasien
GRÖSSE:	12–51 cm
GEWICHT:	0,2–4,5 kg
LEBENSDAUER:	3–6 Jahre

Ich bin ein ziemlicher Sonderling. Weil ich nur kleine Stummelflügel und keinen Schwanz habe, kann ich nicht fliegen und hopple eher ungelenk durch die Gegend. Dafür sind in meinem Schnabel, an dessen Spitze meine Nasenlöcher sitzen, jede Menge Riechrezeptoren. Stecke ich ihn in den Boden, spüre ich so Würmer und Samen auf.

Kiwi

LEBENSRAUM:	Feuchte Wälder, Gebirge
VERBREITUNG:	Neuseeland
GRÖSSE:	35–65 cm
GEWICHT:	1–5 kg
LEBENSDAUER:	10–20 Jahre

WIR STINKEN UND WIR RIECHEN GUT …

Europäischer Aal

LEBENSRAUM:	Flüsse, Meere
VERBREITUNG:	Europa, Kleinasien, Nordafrika
GRÖSSE:	60–150 cm
GEWICHT:	bis 6 kg
LEBENSDAUER:	8–50 Jahre

Ich kann dich gut riechen, denn ich besitze die feinste Nase im gesamten Tierreich. Ich kann viel besser riechen als jeder Hund. Stell dir vor, du springst in einen Badesee und musst pupsen. Selbst wenn ich gerade auf der anderen Seite des Sees unterwegs bin, kann ich dich orten. Also reiß dich besser zusammen.

Wer steckt hier den Kopf in den Sand? Ich jedenfalls nicht! Wenn ich Angst habe, flüchte ich. Aber leider kann ich nicht fliegen, dafür bin ich zu groß und zu schwer. Doch kein anderer Vogel kann so schnell rennen wie ich, denn ich werde bis zu 70 km/h schnell.

Strauß

LEBENSRAUM:	Savannen
VERBREITUNG:	Afrika
GRÖSSE:	1,6–2,75 m hoch
GEWICHT:	70–150 kg
LEBENSDAUER:	15–35 Jahre

… SIND ÄNGSTLICH

Ich liege nicht so gerne im Pfeffer, und damit ich nicht als Braten ende, bin ich extrem vorsichtig. Entweder lege ich die Ohren an und mach mich ganz klein oder ich flitze davon. Auf der Flucht werde ich bis zu 70 km/h schnell, schlage Haken und springe bis zu zwei Meter hoch.

Hase

LEBENSRAUM:	Wälder, Wiesen, Felder
VERBREITUNG:	Weltweit
GRÖSSE:	25–75 cm
GEWICHT:	0,5-7 kg
LEBENSDAUER:	5–10 Jahre

*Wer nicht wagt, der nicht gewinnt!
Ich sehe zwar sehr niedlich aus, aber ich bin mutiger als so mancher Löwe. Wenn ich Hunger habe, greife ich sogar Giftschlangen an. Wenn sie mit ihren Giftzähnen nach mir schnappen, weiche ich blitzschnell aus. So lange bis die Schlangen müde sind, und dann fresse ich sie auf.*

Mungo

LEBENSRAUM:	Steppen, Savannen, Wälder
VERBREITUNG:	Südostasien, Indien, Südeuropa
GRÖSSE:	25–45 cm
GEWICHT:	1–2 kg
LEBENSDAUER:	5–10 Jahre

ODER HABEN MUT.

Du suchst Ärger? Hier bin ich! An mir beißt sich fast jeder die Zähne aus, weil mein Fell so dick ist. Bienen können mich nicht stechen, Raubkatzen nicht beißen und Schlangen nicht vergiften. Egal, wie groß du bist. Komm mir krumm, und ich greif dich an!

Honigdachs

LEBENSRAUM:	Graslandschaften, Wälder, Gebirge
VERBREITUNG:	Afrika, Asien
GRÖSSE:	60–77 cm
GEWICHT:	7–13 kg
LEBENSDAUER:	10–15 Jahre

Ich liege auf der Lauer … Ein Sprung, ein Prankenhieb, ein Biss. Mehr brauche ich meist nicht, um meine Beute zu erlegen. Ich habe das kräftigste Gebiss aller Raubkatzen. Und mit meinen langen Eckzähnen kann ich sogar Schildkrötenpanzer knacken. Ich fresse so ziemlich jedes Tier, das durch den Dschungel schleicht.

Jaguar

LEBENSRAUM:	Regenwälder
VERBREITUNG:	Mittel- und Südamerika
GRÖSSE:	1,2–1,85 m
GEWICHT:	40–160 kg
LEBENSDAUER:	10–15 Jahre

Ich habe dich zum Fressen gern, denn ich bin ein Marder. Ein Bärenmarder. Auf meinem Speisezettel stehen jede Menge Tiere: Mäuse, Eichhörnchen, Schneehasen, Hühner, Rentiere, sogar Elchkälber. Deswegen nennt man mich auch Gierschlund. Einfach lecker!

Vielfraß

LEBENSRAUM:	Nadelwälder, Tundra, Taiga
VERBREITUNG:	Nordeuropa, Nordamerika, Nordasien
GRÖSSE:	65–105 cm
GEWICHT:	20–30 kg
LEBENSDAUER:	7–12 Jahre

Wir saugen kein Blut! Sondern am liebsten den Saft aus den Früchten von Dattelpalmen oder Mangobäumen. Ein bisschen sind wir wie die Bienen. Wir helfen beim Bestäuben der Pflanzen und verteilen jede Menge Samen über große Gebiete hinweg.

Palmenflughund

LEBENSRAUM:	Wälder
VERBREITUNG:	Afrika
GRÖSSE:	14–21 cm
GEWICHT:	200–350 g
LEBENSDAUER:	15 Jahre

MÖGEN FLEISCH UND MÖGEN FRUCHT …

Manche behaupten, ich wäre eine hohle Frucht. Das finde ich gemein. Ich bin ein recht schwerer, flugunfähiger Papagei. Meine Taktik gegen Feinde ist, in Schockstarre zu verfallen. Bei Raubvögeln funktioniert das gut, sie können mich aus der Luft dann nicht erkennen. Bei Ratten oder Katzen geht das aber meistens schief.

Kakapo

LEBENSRAUM:	Wälder, Heiden, Buschland
VERBREITUNG:	Neuseeland
GRÖSSE:	bis 60 cm
GEWICHT:	2–4 kg
LEBENSDAUER:	50–80 Jahre

Ich liebe es, unter der Erde unterwegs zu sein. Da nützen mir Augen nichts. Dafür ist mein Geruchssinn hochentwickelt. Zusätzlich helfen mir meine Tasthaare, die von mir geschaufelten Vorrats-, Schlaf- und Brutkammern zu finden.

Maulwurf

LEBENSRAUM:	Unter der Erde, kühlere Gebiete
VERBREITUNG:	Europa, Asien
GRÖSSE:	8–20 cm
GEWICHT:	20–160 g
LEBENSDAUER:	2–5 Jahre

… LEBEN IM ERDREICH UND IN DER LUFT.

Ich bin nicht auf dem sondern im Boden geblieben. Dort grabe ich meine Röhren, durch die sich das Wasser im Erdreich besser verteilen kann. Außerdem sind meine Ausscheidungen wertvoller Humus. Anstatt mich auf einen Angelhacken zu spießen, solltet ihr mir lieber dankbar sein!

Regenwurm

LEBENSRAUM:	Erdboden
VERBREITUNG:	Weltweit
GRÖSSE:	10–30 cm
GEWICHT:	bis 50 g
LEBENSDAUER:	2–8 Jahre

Wanderalbatros

LEBENSRAUM:	Subantarktische Inseln
VERBREITUNG:	Südliche Ozeane
GRÖSSE:	bis 1,14 m Spannweite: 2–3,5 m
GEWICHT:	bis 7 kg
LEBENSDAUER:	15–50 Jahre

Ich überflügle euch alle! Ich habe mit bis zu dreieinhalb Metern die größte Flügelspannweite aller Vögel. Im Laufe meines Lebens lege ich bis zu sechs Millionen Kilometer zurück. Das sind über 140 Erdumrundungen oder sieben Mal zum Mond und wieder zurück. Dafür verbringe ich ungefähr neunzig Prozent meiner Zeit in der Luft.

Nur fliegen ist schöner! Ob ihr es glaubt oder nicht, wir können uns sogar in der Luft paaren. Wir sind wahre Flugkünstler. Auf der Stelle fliegen, mit 50 km/h dahingleiten, schnelle Richtungswechsel ... und sogar rückwärts können wir fliegen!

Libelle

LEBENSRAUM:	In Gewässernähe, Moore
VERBREITUNG:	Weltweit
GRÖSSE:	2,4–6 cm Spannweite: 1,8–20 cm
GEWICHT:	20–100 mg
LEBENSDAUER:	2 Wochen bis ein Jahr

Kamel

LEBENSRAUM:	Steppen, Wüsten
VERBREITUNG:	Asien, Nordafrika, Australien, Südamerika
GRÖSSE:	1–2 m
GEWICHT:	35–700 kg
LEBENSDAUER:	30–40 Jahre

Skorpion

LEBENSRAUM:	Savannen, Wüsten, Tropen
VERBREITUNG:	Weltweit
GRÖSSE:	0,9–21 cm
GEWICHT:	10–100 g
LEBENSDAUER:	bis 25 Jahre

*Kuscheln gegen die Kälte?
Mit mir besser nicht, denn ich bin das größte Landraubtier der Welt. Mein dichtes weißes Fell isoliert gut gegen die Kälte, weil meine Haare hohl sind und die Wärme speichern. Genau wie meine Haut. Die ist schwarz und heizt sich bei Sonne besonders gut auf.*

Eisbär

LEBENSRAUM:	Treibeis
VERBREITUNG:	Arktis, rund um den Nordpol
GRÖSSE:	1,6–3,4 m
GEWICHT:	150–500 kg
LEBENSDAUER:	20–30 Jahre

WIR MÖGEN'S HEISS, WIR MÖGEN'S KALT ...

Kaiserpinguin

LEBENSRAUM:	kalte Meere, Küsten
VERBREITUNG:	südliche Antarktis
GRÖSSE:	1,1–1,3 m
GEWICHT:	22–37 kg
LEBENSDAUER:	15–50 Jahre

Unter Wasser können wir fliegen! Nur nicht an Land, und das obwohl ich ein Vogel bin. Dafür kann ich aber hervorragend schwimmen: Unter Wasser werde ich bis zu 50 km/h schnell! Von allen Pinguinarten bin ich der größte und schwerste. Zum Brüten suche ich mir ein kuscheliges Plätzchen. Es sollte so -40 °C kalt sein und ein eisiger Wind wehen.

Der Berg ruft! Ich lebe in den Alpen, oberhalb der Baumgrenze und unterhalb der Eisgrenze, teilweise in Höhen von bis zu 3.500 Metern. Meine säbelartigen Hörner werden bis zu einen Meter lang und 2,5 kg schwer. Sie hindern mich aber nicht daran, geschickt über die steilen Berghänge zu klettern.

Alpensteinbock

LEBENSRAUM:	Gebirge
VERBREITUNG:	Europa, Alpen
GRÖSSE:	bis 1,5 m
GEWICHT:	40–100 kg
LEBENSDAUER:	15 Jahre

... LIEBEN DIE BERGE UND DEN WALD.

Pass auf, sonst hol ich meinen großen Bruder! Ich sehe zwar eher so aus wie ein Meerschweinchen oder ein übergewichtiges Erdmännchen, aber verwandt bin ich mit jemand ganz anderem. Ich bin nämlich kein Nagetier, sondern ein Huftier. Und ein Gentest hat ergeben, dass ich eng verwandt bin mit dem Elefanten.

Klippschliefer

LEBENSRAUM:	Gebirge, Wüsten, Savannen, tropische Regenwälder
VERBREITUNG:	Afrika, Westasien
GRÖSSE:	37–77 cm
GEWICHT:	1,5–5,4 kg
LEBENSDAUER:	7–10 Jahre

Wieso eigentlich »Teddy«? Klar eigne ich mich als Vorlage für DAS Kuscheltier schlechthin. Ich sehe süß aus und döse gerne in meiner mit Moos ausgelegten Höhle, besonders im Winter. Unseren Spitznamen »Teddy« bekamen wir Bären Dank des amerikanischen Präsidenten Theodore Roosevelt. Der weigerte sich bei einem Jagdausflug, einen angebundenen Bären zu erschießen.

Braunbär

LEBENSRAUM:	Wälder, Tundra, Gebirge, Küsten
VERBREITUNG:	Amerika, Asien, Europa
GRÖSSE:	1–3 m
GEWICHT:	200–780 kg
LEBENSDAUER:	bis 35 Jahre

Ich heiße Orang-Utan. Übersetzt bedeutet das »Waldmensch«. Das passt, denn fast mein gesamtes Leben verbringe ich in den Kronen von Urwaldbäumen. Mit meinen überproportional langen Armen schwinge ich mich von Ast zu Ast und hangle mich die Stämme hoch und runter.

Orang-Utan

LEBENSRAUM:	Tropische Regenwälder
VERBREITUNG:	Borneo, Sumatra
GRÖSSE:	1,1–1,5 m
GEWICHT:	30–90 kg
LEBENSDAUER:	40–60 Jahre

Schuppentier

LEBENSRAUM:	Buschland, Savannen, Sumpf-, Au- und Regenwälder
VERBREITUNG:	Asien, Afrika
GRÖSSE:	25–90 cm
GEWICHT:	1,6–33 kg
LEBENSDAUER:	bis 13 Jahre

*Schu-Schu-Schuppi-duuh.
Ich bin eines der ältesten Säugetiere, die es gibt, und das einzige mit Schuppen. Mein Spitzname ist Tannenzapfentier. Ich glaube, ihr wisst schon warum … Genau wie das Gürteltier kann ich mich bei Gefahr zusammenrollen. Wir sind aber nicht miteinander verwandt.*

Seychellen-Riesenschildkröte

LEBENSRAUM:	Grasland
VERBREITUNG:	Seychellen, Aldabra-Atoll, Farquhar-Atoll, Galapagos
GRÖSSE:	80–150 cm
GEWICHT:	20–250 kg
LEBENSDAUER:	bis 200 Jahre

In der Ruhe liegt die Kraft. Meine Vorfahren lebten bereits zur Zeit der Saurier vor etwa 200 Millionen Jahren auf der Erde. Seitdem hat sich mein Leben kaum verändert. Ich bin sehr langsam unterwegs und verbringe den ganzen Tag mit Fressen. Außerdem bin ich friedlich und schlafe abends einfach an der Stelle ein, wo ich gerade bin.

An Land ist nur der Elefant größer als ich. Ich habe nicht nur eins, sondern zwei Hörner. Das hintere sitzt auf meiner Stirn. Das vordere sitzt auf meiner Nase und wird bis zu 1,5 Meter lang. Außerdem bin ich das schnellste an Land lebende Tier, das über eine Tonne wiegt. Gut, da gibt es nicht allzu viele. Trotzdem nicht schlecht, oder?

Breitmaulnashorn

LEBENSRAUM:	Savannen
VERBREITUNG:	Afrika
GRÖSSE:	3,4–4 m
GEWICHT:	1,8–2 t
LEBENSDAUER:	35–50 Jahre

WIR HABEN PANZER ODER HORN …

Sei du selbst … Oder ein Einhorn! Manche behaupten, ich sei Vorbild für das Einhorn gewesen. Schau mich an: Ich bin schön, aber ich bin gefährlich! Mit meinem langen, geraden Horn schlage ich Löwen in die Flucht. Und ich bin wundersam, denn ich brauche kein Wasser zum Trinken. Das stelle ich aus den Pflanzen, die ich fresse, selber her. Magisch, oder?

Oryxantilope

LEBENSRAUM:	Wüsten, Savannen
VERBREITUNG:	Afrika, arabische Halbinsel
GRÖSSE:	1,6–1,8 m
GEWICHT:	160–200 kg
LEBENSDAUER:	15 Jahre

Sei du selbst … Oder ein Drache!
Mit meinem geschuppten Körper und meiner gespaltenen Zunge erinnere ich stark an einen Drachen. Feuer speien kann ich zwar nicht, mein Speichel brennt aber trotzdem. Denn er ist giftig.

Komodowaran

LEBENSRAUM:	Grasland, Regenwälder
VERBREITUNG:	Indonesien
GRÖSSE:	1–3 m
GEWICHT:	bis 50 kg
LEBENSDAUER:	10–25 Jahre

… EINEN GIFTZAHN ODER GIFTIGEN DORN.

Königskobra

LEBENSRAUM:	Wälder
VERBREITUNG:	Südost- und Südasien
GRÖSSE:	3–5 m
GEWICHT:	bis 6 kg
LEBENSDAUER:	bis 20 Jahre

Wenn mir der Hals schwillt …
fühle ich mich bedroht, hebe ich meinen Oberkörper weit an und spreize meinen Nacken. Dabei fixiere ich meinen Angreifer und schwanke mit dem Kopf manchmal minutenlang hin und her, während ich böse zische. Wenn du mir so begegnen solltest, nimm lieber Reißaus. Denn ich bin die längste Giftschlange der Welt.

Die eierlegende Wollmilchsau.
Man sagt, ich wäre eines der merkwürdigsten Tiere der Welt. Ich sag lieber, ich bin besonders! Ich habe einen Schnabel wie eine Ente, einen Schwanz wie ein Biber, Krallen wie ein Bär, einen Pelz wie ein Otter, Schwimmhäute wie ein Frosch und einen Giftstachel wie ein Skorpion.

Schnabeltier

LEBENSRAUM:	Gewässer, Uferregionen
VERBREITUNG:	Australien
GRÖSSE:	30–60 cm
GEWICHT:	0,7–2,4 kg
LEBENSDAUER:	5–10 Jahre

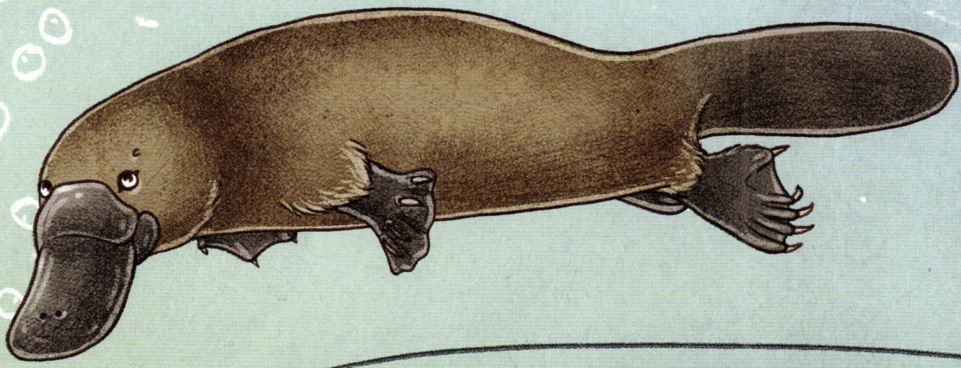

Wer hat zugestochen? Der Stachelrochen!
Ich sehe ein bisschen aus wie ein riesiger, angebrannter Pfannkuchen mit langem Schwanz. An diesem Schwanz sitzt mein Giftstachel, den ich nur zu Verteidigungszwecken einsetze. Wenn ich allerdings zusteche, wird es schmerzhaft und kann sogar tödlich enden.

Stachelrochen

LEBENSRAUM:	Meeresboden
VERBREITUNG:	Indopazifik, Atlantik, Mittelmeer
GRÖSSE:	2,5–3 m
GEWICHT:	bis 10 kg
LEBENSDAUER:	5–20 Jahre

WO DIE WILDEN TIERE WOHNEN

Für Bäume ist es im Grasland meist zu trocken, aber Gräser, wie es der Name schon vermuten lässt, fühlen sich hier pudelwohl. Ob in den Prärien Nordamerikas, den Steppen Zentralasiens oder den Savannen in Südamerika und Afrika: Gräser, so weit das Auge reicht. Doch das Überleben ist für die Tiere nicht einfach, denn die Pflanzenvielfalt und somit auch das Nahrungsangebot sind wenig abwechslungsreich. Gras ist zwar sehr nährstoffreich, aber auch schwierig zu verdauen. Deshalb trifft man im Grasland auf Tiere, die mehrere Mägen haben: die sogenannten *Wiederkäuer*. Dazu zählen Büffel, Antilopen und Giraffen.

Im Grasland drohen immer wieder Dürren und Feuer. Da es nur wenige Verstecke in den Weiten der Prärie gibt, haben sich viele Pflanzenfresser zusammengetan und zum Schutz große Herden gebildet. So ziehen Bisons, Springböcke und Gnus zu Tausenden in riesigen Verbänden durch die Graslandschaften. Die Herden locken aber auch Fleischfresser und damit einige der gefährlichsten Jäger der Erde an, z. B. Löwen und Geparden. Denn hier zählt Schnelligkeit: Wer als Jäger zu langsam ist, verhungert; wer als Beutetier zu langsam ist, wird gerissen. Kommt ein Gnu zur Welt, muss es sofort laufen können, um mit der Herde Schritt zu halten.

WO DIE WILDEN TIERE WOHNEN

Nur die zähesten Tiere überleben auf den kargen Felsgipfeln der Berge, wo keine Bäume mehr wachsen und das Nahrungsangebot knapp wird. Außerdem sinkt im Gebirge die Durchschnittstemperatur um ein halbes Grad je 100 Höhenmeter, und die Luft wird auf den Berggipfeln sehr dünn. Sie enthält weniger Sauerstoff, was das Atmen erschwert.

Am besten angepasst an die luftigen Höhen haben sich Vögel, wie zum Beispiel der Andenkondor oder die Alpenkrähe. Ihnen gelingt es, den wenigen Sauerstoff aus der Luft in ihr Blut zu überführen.

Es gibt aber auch unter den Säugetieren geschickte Kletterer, insbesondere Huftiere wie Steinböcke oder Schneeziegen. Ihre Hufe sind klein, haben einen harten Rand und einen rauen Ballen. Selbst bei Schnee und

Regen finden sie so sicheren Halt auf schmalen und rutschigen Felsvorsprüngen. Angst vor der Höhe oder Schwindel? Kennen sie nicht. Gämsen erklimmen nahezu senkrechte Felswände und scheuen sich nicht vor weiten Sprüngen über tiefe Abgründe hinweg.

Für den Winter, wenn das ohnehin spärliche Futterangebot noch knapper wird, haben sich die Bergbewohner unterschiedliche Überlebensstrategien überlegt. Die Naheliegendste: der Winterschlaf. Das Murmeltier baut sich einen gemütlichen Schlafkessel, den es mit weichem Gras auspolstert. Den Sommer nutzt es, um sich eine dicke Fettschicht anzufressen, und ab Herbst legt es sich für sechs bis sieben Monate schlafen.

WO DIE WILDEN TIERE WOHNEN

Die kältesten Regionen der Erde sind die Arktis und die Antarktis, die Gebiete um den Nord- und den Südpol. Die Arktis ist ein meterdick zugefrorener Ozean umgeben von windigem Grasland, der sogenannten Kältesteppe oder Tundra. Die Antarktis hingegen ist ein eisbedeckter Erdteil im stürmischsten Meer der Welt. Im Sommer ist es sowohl in der Arktis als auch in der Antarktis 24 Stunden am Tag hell, während im Winter ständige Dunkelheit herrscht. In beiden Regionen sinken die Temperaturen dann auf unter -40 °C.

Während in der Arktis viele Tiere an Land leben, sind in der Antarktis fast alle Tiere im Wasser zu Hause. In der Arktis lebt das größte Landraubtier der Welt: der Eisbär. Wie er der Kälte widersteht? Seine cremeweißen Deckhaare sind hohl und leiten die Wärme an den Körper weiter.

Seine Haut ist wiederum schwarz, weil sie so die Wärme besser speichern kann. Darunter befindet sich der *Blubber*: eine dicke Fettschicht, die für Isolation sorgt.

Warum es einem Eisbären noch nie gelungen ist, einen Pinguin zu erlegen? Ganz einfach: Pinguine wohnen am anderen Ende der Welt, in der Antarktis. Der größte seiner Art ist der Kaiserpinguin. Die Männchen der Kaiserpinguine brüten die Eier aus. Damit das bei den eisigen Temperaturen gelingt, balancieren sie die Eier auf ihren Füßen und schützen sie unter einer Hautfalte am Bauch vor der Kälte. In riesigen Kolonien drängen sie sich aneinander, um sich gegenseitig zu wärmen. Kaiserpinguine können außerdem bis zu 500 Meter tief tauchen und über zwanzig Minuten lang die Luft anhalten.

WO DIE WILDEN TIERE WOHNEN

Nirgendwo sonst gibt es so große Temperaturunterschiede wie in den Wüstenregionen. Starker Sonnenschein, kaum Pflanzenbewuchs und extrem trockene Luft lassen die Temperaturen in Bodennähe auf bis zu 70 °C ansteigen. Doch wenn die Sonne untergeht, wird es in der Wüste empfindlich kalt. In der Sahara kann es sogar passieren, dass die Temperatur unter den Gefrierpunkt fällt.

Tiere, die in der Wüste leben, müssen sich nicht nur auf die extremen Temperaturen einstellen, sondern auch auf den Wasser- und Nahrungsmangel. Eine besonders ausgefeilte Überlebensstrategie hat sich dafür der Wasserreservoirfrosch überlegt. Sobald ein Wasserloch droht auszutrocknen,

lagert er bis zu 50 Prozent seines Körpergewichts an Wasser unter seiner Haut und in seiner Harnblase ein. Dann gräbt er sich im Uferschlamm eine unterirdische Kammer, in der er bis zu zwei Jahre ausharren kann, um auf den nächsten Regen zu warten.

Es gibt auch Tiere, die gar nicht zu trinken brauchen, wie z. B. die Säbelantilope oder die Wüstenspringmaus. Sie beziehen die überlebenswichtige Flüssigkeit direkt aus der Nahrung. Die Wüstenspringmaus schützt ihren Körper außerdem mit ihren langen Beinen vor der Hitze des Wüstensandes und hüpft, um möglichst wenig Bodenkontakt zu haben. Auch die gehörnte Klapperschlange bewegt sich nur mit Sprüngen zur Seite fort.

WO DIE WILDEN TIERE WOHNEN

In den Tropen, also den Regionen rund um den Äquator, wachsen schon seit jeher Wälder. Weil es hier so viel regnet, nennt man sie auch *Regenwälder*. Das warme und feuchte Klima bietet damit ideale Bedingungen für Pflanzen, und diese Pflanzenpracht ist wiederum ein idealer Lebensort für die unterschiedlichsten Tierarten. An Land gibt es keinen Lebensraum, der eine größere Artenvielfalt beherbergt als der Regenwald. Und ganz viele Tierarten leben hier, die noch gar nicht vom Menschen entdeckt wurden. Die meisten Tiere des Tropenwaldes, wie z. B. die Orang-Utans, sind in den Bäumen zu Hause, weil dort die Auswahl an Nahrung am größten ist.

Zwischen dichten Zweigen und Blättern lauern aber auch viele Gefahren. Um nicht gefressen zu werden, haben sich die Bewohner des Tropenwalds unterschiedliche Taktiken überlegt. Eine davon heißt *Mimikry*. Bei der *Batesschen Mimikry* ahmen harmlose Tiere das Aussehen gefährlicherer Arten nach. Das macht z. B. der Frosch *Allobates zaparo*. Die rot leuchtenden Warzen auf seinem Rücken sowie die gelb schillernden Streifen an Vorder- und Hinterbeinen lassen ihn aussehen wie den Pfeilgiftfrosch *E. parvulus*, dessen Haut mit einem giftigen Sekret überzogen ist. So täuscht der ungiftige Doppelgänger Beutegreifer und wird nicht gefressen.

WO DIE WILDEN TIERE WOHNEN

Das Leben in gemäßigten Wäldern ist stark von den Jahreszeiten geprägt. So haben sich die Laubbäume auf die schwankenden klimatischen Bedingungen eingestellt. Im Frühjahr, wenn die Temperaturen steigen, bilden sich Knospen, und Blüten und Blätter sprießen. Im Sommer, wenn es noch wärmer wird, tragen die Bäume Früchte, sodass es bis in den Herbst Nahrung in Hülle und Fülle gibt. Einige Tiere sammeln und verstecken Vorräte oder fressen sich Fettreserven für den Winter an. Denn in der kalten Jahreszeit sinkt das Nahrungsangebot rapide. Die Bäume sind kahl, da sie ihre Blätter verloren haben, und der Waldboden ist gefroren und manchmal mit einer dicken Schneeschicht bedeckt.

Die Tropenwälder sind zwar noch artenreicher, aber auch der gemäßigte Wald ist ein lebensfreundlicher Ort, der vielen unterschiedlichen Tieren ein Zuhause bietet. Hier findet man z. B. Vögel wie den Buntspecht und den Baumläufer, die mit ihren spitzen Schnäbeln nach Insekten in Baumrinden picken. Eichhörnchen huschen die Baumstämme hoch und runter, um Nüsse einzusammeln, und Wildschweine wühlen mit ihren Rüsseln im Waldboden nach Eicheln und Pilzen und schrecken dabei Salamander und Laubfrösche auf. Und Hirsche knabbern je nach Jahreszeit die Blätter von den Zweigen oder rupfen die Rinde von den Baumstämmen.

WO DIE WILDEN TIERE WOHNEN

Meere und Ozeane bedecken über 70 Prozent der Erdoberfläche und beherbergen zahlreiche Arten. Die größte Artenvielfalt der Welt gibt es in den Korallenriffen. Hier leben sogar noch mehr unterschiedliche Tierarten als im Tropenwald, weshalb die farbenprächtigen Korallenriffe auch *Regenwald der Meere* genannt werden.

Korallen sind das äußere Skelett von Abermillionen kleiner Nesseltiere, die die Grundlage eines Korallenriffs bilden. Hier siedeln sich neben Schwämmen und Muscheln auch Schnecken, Krebse, Fische und Schildkröten an. Für viele Fischarten sind die Korallenriffe die Kinderstube für den Nachwuchs. Erst wenn der Nachwuchs älter ist, darf er den Schutz des Korallenriffs verlassen. Ein berühmter Bewohner des Korallenriffs ist der Anemonenfisch,

der eine Symbiose mit der Anemone eingeht: Eine Schleimschicht schützt den Fisch vor den giftigen Nesseln der Anemone, sodass er sich zwischen ihren Tentakeln gefahrlos vor Fressfeinden verstecken kann. Zum Dank putzt er die Anemone, indem er Algen, die auf ihr wachsen, frisst.

Die meisten Tiere leben nahe der Küste, weswegen im offenen Meer nur ca. fünf Prozent der Meeresbewohner zu Hause sind. Ab einer Tiefe von 250 Metern herrscht absolute Dunkelheit, denn weiter reicht das Sonnenlicht nicht. Da Sonnenenergie aber eine der wichtigsten Zutaten für das Leben ist, können sich hier keine Algen bilden, die wiederum die Nahrungsgrundlage für Planktontiere sind. Deswegen sind Tiefseebewohner auf Nahrung angewiesen, die von der Oberfläche zu ihnen hinabsinkt, oder aber sie fressen sich gegenseitig auf.

WO DIE WILDEN TIERE WOHNEN

Bäche, Flüsse, Seen, Moore und Sümpfe bieten vielen Tieren ein Zuhause. Sümpfe und Moore gehören zu den Feuchtgebieten, überflutete Bereiche, die mit Wasserpflanzen bedeckt sind. Durch das frische Wasser und die dichte Pflanzenwelt entsteht hier ein besonders reicher Lebensraum für viele Tierarten, und manchmal ist das Nahrungsangebot hier sogar größer als im Regenwald. In Feuchtgebieten ist das Wasser höchstens einen Meter tief, sodass diese Umgebung ideal ist für Tiere, die mit Lungen atmen – Schlangen und Schildkröten zum Beispiel – oder für an Land lebende Tiere, die Schutz suchen.

In Seen und Flüssen gibt es verschiedene Zonen, in denen Wassertiere leben. Nah an der Oberfläche, wo viel Licht hinkommt, wimmelt es oft von Wasserflöhen, Ruderfußkrebsen und anderen winzigen Tieren. Sie ernähren sich von *Phytoplankton* – mikroskopisch-kleine Algen –, das vor allem im Sommer vorhanden ist. In der mittleren Zone leben größere Fische, die stark genug sind, um sich gegen die Strömung zu behaupten. Ein wahrer Meister darin, gegen den Strom zu schwimmen, ist der Lachs. Zum Laichen wandern die Lachse aus dem Meer zurück in den Fluss, in dem sie einst geschlüpft sind. Manche legen dabei hunderte Kilometer zurück, überspringen Wasserfälle und erklimmen Fischtreppen. Die Reise ist so beschwerlich, dass die meisten Lachse nach dem Laichen sterben.

AUTORIN UND ILLUSTRATORIN

Sophie Schoenwald wurde 1980 in Bayern geboren und lebt und arbeitet in Köln. Die studierte Kommunikationswissenschaftlerin mag Tiere und reist sehr gerne. Schon als Kind war sie am liebsten in der Natur unterwegs oder vertiefte sich in ihre Lieblingsbücher, die sie oft noch spätabends mit der Taschenlampe unter der Bettdecke zu Ende las. Damals hätte sie es sich nicht träumen lassen, dass sie eines Tages Tiergeschichten für Bilderbücher schreiben würde.

Alexandra Helm wurde in Offenbach am Main geboren und wuchs – dank ihrer Eltern – umgeben von vielen Kinderbüchern auf. Sie fing schon im Kindergarten mit dem Zeichnen an und studierte ein paar Jährchen später an der Hochschule für Gestaltung in Offenbach Grafikdesign mit Schwerpunkt Illustration. 2015 machte sie sich dann als Illustratorin selbstständig. Das Illustrieren von Kinderbüchern lässt sie am frühen Morgen förmlich aus dem Bett hüpfen!

STAMMBAUM

Vor Millionen von Jahren begannen sich aus Einzellern, die unterschiedlichsten Tiere zu entwickeln. Wissenschaftler schätzen, dass es insgesamt auf der Welt zwischen 5-80 Millionen unterschiedliche Tierarten gibt. Dieser Stammbaum zeigt die gröbste Einteilung nach Tiergruppen, die man vornehmen kann. Tiere einer Gruppe sind zumindest entfernt miteinander verwandt, denn ein »echter« Stammbaum wäre natürlich sehr viel weiter verästelt und würde noch mehr Tiere zeigen.